KB004488

세계시민교육,
수업으로 실천하다

세계시민교육,
수업으로 실천하다

문주호 · 임유나 · 장유진 · 박동준 지음

수업을 나눈다는 건 함께 성장하는 것

교사로서 자신의 수업을 누군가에게 보여주는 일은 좀처럼 쉽지 않다. 경력이 많건 적건 말이다. 그런 어려운 일에 용기를 내서 세 분의 선생님이 각자 고민하는 주제를 가지고 일 년 동안 아이들과 공부하면서 나눈 고민들을 이렇게 책으로 펴내게 됨을 기쁘게 생각한다.

아이들 치료하고 건강 상태 챙기는 일뿐 아니라, 여린 마음을 챙기느라 늘 북적거리는 보건실을 운영하는 임유나 선생님. 미세먼지라는 주제로 아이들과 함께한 소중한 노력이 아이들에게 환경의 중요성을 느끼게 하는 시간이 되었음에 틀림없다.

맛있고 건강한 한 끼를 제공하기 위해 고민하는 장유진 선생님. '지구를 살리는 한 끼의 밥상'이라는 주제의 수업을 통해 아이들에게 내가 먹는 밥 한 끼가 얼마나 소중한지 충분히 느끼게 했을 거예요. 아이들과 직접 배추김치 담그는 수업도 마다치 않는 장유진 선생님의 열정에 응원을 보낸다.

　함께 살아가는 세상을 깨닫게 하려고 공정무역이라는 어려운 주제를 메타버스를 활용하여 아이들이 이해하기 쉽도록 고민한 과정이 묻어나는 박동준 선생님의 수업 기록.

　세 선생님이 문주호 수석교사와 일 년 동안 함께 고민하고 실천하는 과정에서 교사로서 한 걸음 성장하는 계기가 되었으리라 믿는다.

2022.12.
청봉초 교장 김동수

| 차례 |

추천사 수업을 나눈다는 건 함께 성장하는 것 • 4

첫 번째 만남

'환경유해인자'가 무엇인가요? • 10

'미세먼지'로 수업 주제를 바꾸다 • 19

'미세먼지'와 '생태계'에 대한 진지한 나눔 • 30

두 번째 만남

지구를 위한 한 끼의 밥상 • 36

'지구를 위한 식습관'이 주는 교훈 • 51

세 번째 만남

'공정무역'과 '메타버스' • 58

'공정무역'의 의미와 가치를 배우다 • 74

세 분의 수업자들과 함께 세계시민교육에 도전장을 내밀게 되었습니다. 영양, 보건, 담임, 수석교사라는 전혀 이질적이면서도 교육공동체라는 테두리 안에서 서로의 전문성을 키우기 위해 '환경보건연구회'를 구성하였습니다.

2년 동안의 자료준비와 공개수업에 사용한 교수·학습과정안을 기초로 각자의 영역에 맞게 재편성하는 시간을 6개월 이상 가졌습니다. 해당 기간 동안에 다양한 책과 영상을 공유하고, 내실을 다졌습니다. 그리고 드디어 9월부터 수업에 대한 진지한 대화를 나누게 되었습니다. 지금부터 이어지는 글이 바로 그 흔적입니다.

모쪼록 많은 선·후배 교사들이 저희의 미약한 발자국을 따라서 새롭고 도전적인 교원학습공동체의 연구 방향에 힘을 보태주실 것을 당부드리며, 수업의 여정을 기록해 나가고자 합니다.

프로젝트에 참여한 교사들(좌로부터 박동준, 임유나, 문주호, 장유진)

첫 번째
만남

'환경유해인자'가 무엇인가요?

자기소개 부탁드릴게요.

– 교사의 행복이 곧 학생의 행복으로 이어진다고 생각하는 청봉초
등학교 보건교사 임유나입니다.

**반갑습니다. 오늘은 대화 주제로 〈생활 속 유해인자를 찾아요!〉에 대해 이
야기 나눌게요. 수업자의 의도가 궁금한데요. 말씀해 주시죠.**

– 저는 보건교사가 되기 전, 소아중환자실 간호사로 활동을 했는데
요, 그때 가습기 살균제 피해로 오랜 기간 투병한 환아가 있었습니
다. 조금 더 인간에게 쾌적하고 깨끗한 환경을 만들기 위해 만들어
진 물건들이 결국엔, 인간에게 독으로 돌아온다는 것을 생생하게
경험했습니다. 우리가 깨닫지 못하는 사이에, 자기 주변의 어떤 것
들이 건강에 영향을 미치는 지 학생들에게 가르쳐주고 싶었습니다.

간호사 시절의 경험이 동기부여가 되었군요. 그럼 동기부여 영상을 시청한 뒤에 '환경유해인자 노출경로와 우리 몸에 미치는 영향에 대해 조사하고 패들렛에 올리기'를 계획하셨죠. 자세하게 활동 순서를 설명해 주실 수 있을까요?

– 순서를 요약해 보자면 다음과 같습니다.

1. 동기유발 〈영상시청〉

  인간의 환경 파괴 행위를 다룬 단편 애니메이션

  · 시청하면서 느낀 소감 발표

  · 오늘 배울 내용 안내(학습 목표 확인)

2. 활동

  · 환경유해인자의 원인, 우리에게 미치는 영향을 조사한다.

  · 모둠별로 스마트기기를 활용한다.

  · 조사된 자료를 준비된 학습지에 정리한다.

3. 정리

  · 모둠별 발표 내용에 대한 수정, 보강의 내용을 정리한다.

순서를 잘 정리해 주셨는데요. 두 가지가 궁금한데요. 우선 '환경유해인자'라는 말이 쉽게 와닿지 않는데요. 무슨 뜻인가요?

– '환경유해인자'란 사람의 건강이나 생태계에 영향을 주거나 어린이 용품에 함유되어 어린이의 건강에 영향을 끼칠 수 있는 물질을

말합니다.

구체적으로 물질의 예를 든다면 무엇이 있을까요?

– 생활 속 유해인자를 보면, 일단 학교에선 가장 우리의 손이 많이 닿는 부분에 존재합니다.

1. 사물함 : 카드뮴, 프탈레이트류, 망간 등
2. 컴퓨터 : 수은, 프탈레이트류
3. 키보드 / 마우스 : 크로뮴, 비소, 납, 카드뮴
4. 학교 트랙(우레탄) : 크로뮴, 구리, 프탈레이트류
5. 책상 / 의자 : 크로뮴, 구리, 수은, 프탈레이트류, 폴리브롬화 다이페 닐에테르
6. 놀이기구(철제) : 크로뮴, 구리, 안티목, 바륨, 아연, 니켈
7. 숨 쉬는 실내공기 : 크로뮴, 구리, 몬모클로로벤젠, 아세톤, 아세트알데하이드, 에틸 벤젠, 폼알데하이드, 벤젠, 석면, 비소, 수은, 톨루엔.

제시한 자료를 보면, 익숙한 물질보다는 생소한 물질들이 다량으로 포함되어 있네요. 게다가 우리 주변 대부분에 유해인자가 존재한다는 사실이 매우 놀랍습니다.

그럼 다음으로 환경유해물질의 노출경로에 대해 학생들이 찾아보는 내용

으로 학습지가 구성되었죠. 학교에서 수업을 하는 선생님들이 이해하기 쉽게 답을 알려주시면 좋겠습니다.

– '케미스토리'라는 환경보건교육 온라인 학습터가 있습니다. 이곳에서 생활 속 환경유해인자를 찾아볼 수 있는데요. 주거공간, 학교 및 학교 밖 학습공간, 놀이공간, 이동수단으로 분류해서 환경유해물질 노출경로를 쉽게 찾아볼 수 있게 구성되어 있습니다.

선생님이 알려주신 '누리집'에 들어가 보니, 환경유해인자 노출경로로 '흡입노출', '섭취노출', '피부노출'이 대표적인 노출경로라고 하는데 맞는지요?

– 네. 숨 쉬고, 먹고, 만지고. 일상을 살아가면서 하는 모든 활동에 유해인자가 영향을 미치게 됩니다.

우리 주변이 모두다 환경유해인자의 통로라고 생각하니, 청결과 청소에 신경써야겠습니다. 오늘 〈생활 속 유해인자를 찾아요!〉에 대해 이야기 나눴는데요. 해당 수업을 통해, 학생들이 환경유해인자와 노출경로에 대해 배우는 귀중한 수업이라는 생각이 듭니다. 마지막으로 해당 수업을 통해 학생들이 이건 꼭 알거나 실천했으면 한다는 것이 있다면 무엇일까요?

– 학생들의 주변을 이루는 활동공간 조성에 어른들이 좀 더 관심을 갖고, 유지·관리하는 것이 가장 중요하겠죠. 하지만 이번 수업을 통해 학생들이 배웠으면 하는 것을 3가지로 정리했습니다.

하나. 생활 속 유해인자가 무엇인지를 깨닫는 것.

둘. 손 씻기와 환기, 소독. 감염병 예방뿐만 아니라, 환경유해물질과의 접촉으로부터 보호를 받는 것.

셋. 주로 플라스틱류의 물질들이 많은데요, 대체물질과 친환경재료에 대해 관심을 가지고 소비자로서 책임지는 자세를 배울 것.

학생들이 3가지 모두를 잘 깨달을 것이라고 예상이 됩니다. 수업 전 대화는 여기까지 하고, 수업 후에 대화 이어 나가죠!

[학습지도안]

프로그램명	환경유해인자로 인한 환경성질환 예방법 [1차시/2차시]				
학습주제	환경유해인자 노출경로를 알고 있나요?				
학습 목표	1. 환경유해인자 노출경로를 안다. 2. 환경유해인자가 우리 몸에 미치는 영향을 말할 수 있다.				
교육대상	6학년 4반	교육시간	40분	인원	27명
활동공간	교실	준비물	PPT, 활동지		

수업단계		교수학습과정	준비물 소요시간
		수업활동	
도입	동기 유발	■ **영상시청** 인간의 환경 파괴 행위를 다룬 단편 애니메이션 1. 시청하면서 느낀 소감은? T:동영상을 보았습니다. 보면서 느낀 점이 있다면 발표해 볼까요? (학생 발표 후) 그렇군요. 또 다른 친구? (학생 발표), 그 밖에 느낀 점을 이야기해 볼 친구 있나요? (의견 청취) 2. 오늘 어떤 문제에 대해서 다루어 볼까요? T:오늘은 어떤 문제에 대해서 이야기 나눌 거 같나요? 맞아요 오늘은 환경을 파괴하는 인간들의 잘못으로 환경유해인자라는 것이 생겨요. 환경유해인자가 무엇인지 아는 사람? (의견 청취 후) 잘 알고 있네요. 오늘은 그런 환경유해인자와 관련된 내용을 공부해 볼게요.	5′ PPT-2
	학습 문제 파악	■ **학습목표 확인하기** 1. 환경유해인자 노출경로를 안다. 2. 환경유해인자가 우리 몸에 미치는 영향을 말할 수 있다. T:오늘의 학습문제를 다함께 읽어볼까요. 시작 (읽는다)! 잘 읽었어요. 이 활동을 하기 위해서 오늘 친구들과 선생님이 두 가지 활동을 할거에요.	PPT-3
	학습 활동 안내	■ **학습 활동 안내하기** 〈활동〉 환경유해인자 노출경로와 우리 몸에 미치는 영향에 대해 조사하고 패들릿에 올리기.	

전 개	활동	■ 환경유해인자 노출경로와 우리 몸에 미치는 영향 조사하기 1. 환경유해인자의 원인, 우리에게 미치는 영향을 조 사한다. 2. 모둠별로 스마트기기를 활용한다. 3. 조사된 자료를 준비된 학습지에 정리한다. T : 오늘 활동으로 환경유해인자 노출경로와 우리 몸 에 미치는 영향을 찾아보는 시간을 가질게요. 책상에 있는 태블릿PC를 사용해서 관련 자료를 찾아보고, 찾 으면 출처를 꼭 밝히시고요. 내용을 정리해서 학습지 에 적어보세요. 시작해 볼까요?	15′ 학습지 (1,2) PPT-4
정 리	학습 내용 정리	■ 모둠별 발표 내용에 대한 수정, 보강의 내용을 정리 한다. T : 각 모둠의 발표가 끝났는데요. 혹시 더 추가하고 싶은 내용이나 보충하고 싶은 내용이 있나요? (의견 청취 후) 네. 그런 의견들까지 모두 포함하면 더 좋겠 네요. 다음 이 시간에는 〈생활 속 환경유해인자를 찾 아보고 예방법 알아보기〉라는 제목으로 만나요!	5′ PPT-5

'환경유해인자' 노출경로를 알고 있나요!

1. '환경유해인자'란 무엇인가요? 준비된 태블릿PC로 검색해서 내용을 정리해 봐요.

2. 제시된 카드뉴스를 살펴보고, 여러분을 괴롭히는 '환경유해인자'의 노출경로와 이를 예방하는 방법을 찾아 친구들과 토론을 통해 내용을 정리해 봅시다.

환경유해인자 노출경로	환경성질환은 우리 몸에 어떤 영향을
(환경부 누리집 카드뉴스)	줄까요?(환경부 누리집 카드뉴스)
– 흡입노출, 섭취노출, 피부노출 등 일상 생활 속에서 다양한 경로로 환경유해인자에 노출됨.	–(예시) 아토피 피부염 : 피부가 붉게 변하며 가렵고 거칠어져요. 피부가 두꺼워지고 딱딱해 져요. 피부 표면이 갈라지고 상처가 나요. 주름이 생겨요.

'환경성질환'이 증가하고 있어요!

1. 제시된 카드뉴스를 살펴보고 '환경성질환'이 증가하는 원인과 어린이를 위협하는 환경성 질환에는 무엇이 있는지 적어봅시다.

환경성질환이 증가하고 있어요! (환경부 누리집 카드뉴스)	환경성질환 (환경부 누리집 카드뉴스)
– 환경성질환 현황 : 산업화로 인해 우리 주변에 환경위해인자는 계속 증가하고 있으며, 특히 면역력이 약한 어린이들에게 생활환경에 따른 위해성이 높아지고 있는 상황입니다. – 환경오염의 증가로 알레르기 비염 급증 • 식습관의 변화, 환경오염심화 등으로 아토피 유병률 증가. • 환경성질환자 중 어린이 비율 : 아토피 49%, 천식 35%	천식 – 숨쉴 때마다 쌕쌕거리는 소리가 나요. – 가슴이 답답하고 숨이 차요. – 호흡이 거칠어져요. – 운동 후 밤에 기침이 나요. 알레르기 비염 – 코, 귀, 입천장 등이 가렵고 아프며 눈물이 나요. – 맑은 콧물이 흘러요. – 재채기가 계속 나와요. – 코가 막혀서 숨쉬기 힘들어요.
'환경성질환'이 증가하는 원인	어린이를 위협하는 '환경성질환'
2. '환경성질환'은 우리 몸에 어떤 영향을 줄까요?	

'미세먼지'로 수업 주제를 바꾸다

　'환경유해인자로 인한 환경성질환 예방법'에 대한 수업 전 대화가 끝나고, 10여 일이 지난 후에 '미세먼지'에 대한 주제로 수업을 조정하기로 했습니다. 환경유해물질은 2차시로 구성했으나, 학교 여건상 2차시보다는 1차시를 구성하는 것이 좋다는 의견이 있어, '환경유해물질'에 대한 수업은 내년에 시연하기로 하였습니다. 여러 차례 메신저를 활용하여 교수·학습과정안에 대한 의견을 나누게 되었습니다.

'환경유해인자로 인한 환경성질환 예방법'에 이어서 '미세먼지 발생 원인'과 '우리 삶에 미치는 영향'에 대하여 수업 전 대화를 시작하겠습니다. 도입 부분에서 '지우개지우기' 활동을 하시는데요. 해당 활동에 대한 간단한 설명과 활동을 설명해 주시죠.

－'지우개지우기'는 도입에 많이 넣는 활동 중 하나인데요. 3×3 빙고 칸을 이용해서 영상 또는 그림책에 나오는 단어와 나오지 않는 단어를 적습니다. 나오지 않는 단어를 2~3개 정도 적어놓고 영상을

동기유발 : 지우개지우기 활동 설명 → 짧은 영상 보기 → 정답 확인

보여주기 전(또는 그림책을 읽기 전에) 학생들이 미리 추측하는 시간을 줍니다. 그리고 영상을 보여주면(그림책을 읽으면) 나오지 않는 단어를 찾으려고 해 학생들이 영상(그림책)에 집중을 하게 됩니다. 이처럼 지우개지우기는 학생들의 집중을 유도하기 위한 활동입니다.

동기부여 활동으로 사용하는 영상과도 관련이 있어 보이는데요. 무슨 영화의 어떤 부분이죠?

－〈인터스텔라〉라는 영화입니다. 기후변화, 미세먼지로 인해 인류

의 삶이 위협받고 종말까지 얼마 남지 않은 시점이 배경인데요, 미세먼지가 얼마나 심각한지 보여주는 장면을 편집했습니다.

저도 해당 영화에서 '미래에 저런 위험이 닥칠 수도 있지 않을까?' 하고 걱정했던 기억이 납니다. 선생님이 제시한 수업 목표를 보면 3가지인데요. 1. 미세먼지 발생 원인을 안다, 2. 미세먼지가 우리 삶에 미치는 영향을 말할 수 있다, 3. 미세먼지를 줄일 수 있는 방법을 제시할 수 있다. 해당 목표를 수행하기 위해서 준비한 활동이나 수업의 흐름에 대해서 간략하게 설명해 주실 수 있을까요?

– 일단 학생들의 배경지식이 어느 정도인지, 다른 과목을 통해서 이미 수업이 진행되었는지 명확하지 않아 담임선생님에게 도움을 요청했어요. 확인 결과, 기본지식부터 시작해도 된다는 답을 받았습니다.

사실 목표는 3가지인데, 여기에 도달하기에 1차시라는 시간은 매우 적습니다. 그래서 '목표를 달성하기 위한 수업방법에는 무엇이 있을까?'를 계속 고민을 했는데요. '월드카페' 토론에서 답을 얻을 수 있었습니다. '한 명 남고 모두 가기'와 같은 활동을 위해서는 교사의 사전 준비가 필요합니다. 모둠활동에서 질문이 적힌 색지, 질문을 찾아볼 수 있도록 책 자료, 인터넷 자료에 접속할 수 있는 QR코드를 미리 준비합니다. 10분 정도 검색과 질문에 대한 답을

활동 : 월드카페 토론(한 명 남고 모두 가기)

질문색지에 적을 수 있도록 시간을 주고, 완료한 모둠은 한 명 남는 사람, 즉 카페지기를 결정해야 합니다.

카페지기의 역할은 모둠에 남아, 자신의 모둠에서 정리한 질문의 내용을 다른 모둠 학생들에게 설명해 주는 것입니다. 카페지기는 자기의 모둠에 남고, 나머지 모둠원들은 다른 모둠으로 자리를 이동하면서 미세먼지에 대한 다양한 조사 내용을 접하게 됩니다. 짧은 시간 안에 미세먼지에 대한 다양한 내용을 배울 수 있습니다.

'월드카페'를 위한 선생님의 준비사항이 많군요. 모둠별 발표내용을 정리하는데 '스토리큐브'를 이용하시는데요. 이에 대한 설명도 듣고 싶네요.

- '스토리큐브'는 6개의 면에 각각 다른 그림이 그려져 있는 1.9mm 큐브입니다. 그림주사위 같은 거라고 볼 수 있는데요, 오리지널, 여행, 모험을 주제로 3가지 영역의 그림큐브가 구성되어 있습니다.

마무리 활동 : 스토리큐브로 배.느.실(배운 점, 느낀 점, 실천할 점)을 표현하고 패들렛에 올리며 수업 마무리.

스토리큐브를 이용해서 다양한 활동을 할 수 있는데요, 그냥 머릿속 상상으로만 떠올리기 어려울 때, 큐브에 나온 그림을 보면서 상상을 더하고 창의적인 생각을 펼치는 데 도움이 되는 도구입니다.

활용의 예도 어떤 주제를 던지고, 큐브를 이용해서 표현하게 합니다. 월드카페 활동 1가지만으로도 시간이 많이 소요됩니다. 그렇기에 2~3개의 스토리큐브를 이용해서 수업에서 배운 점, 느낀 점, 실천할 점 중 1가지를 만들게 하고, 친구들과 패들렛에 공유하면서 수업을 마무리하면 됩니다.

글로 쓰거나 말만 하는 것보다 마무리 활동 자체에서 흥미를 느끼도록 도움을 주는군요. 지금까지 수업의 흐름과 수업방식에 대해서 말씀 나누었습니다. 지우개지우기, 월드카페, 스토리큐브 이렇게 활동중심의 수업이 진행되는 수업의 향연이라서 공개수업이 기대가 되네요. 해당 수업을 통해 얻고자 하는 것이나 학생들이 이것만은 배웠으면 하는 게 있으면 말씀해 주시고, 마무리할까 합니다.

- 보건 수업을 진행하면서 항상 '지식'보다는 '실천'을 강조하는데요, 미세먼지를 줄일 수 있는 생활 속 방법을 일상에서 실천하길 바랍니다. 그리고 개인이 하는 노력도 중요하지만, 국가에서 미세먼지 및 기후변화에 어떤 정책을 실천하고 있는지 항상 관심을 두었으면 합니다.

보건실에서 학생들을 치료하시면서 대화 나누기 힘드셨을 텐데, 수고 많으셨습니다. 수업 후에 다시 만나길 기대할게요.

[학습지도안]

프로그램명	미세먼지 발생 원인과 생태계에 미치는 영향		
학습주제	미세먼지 발생 요인과 우리 삶에 미치는 영향		
학습 목표	1. 미세먼지 발생 원인을 안다. 2. 미세먼지가 우리 삶에 미치는 영향을 말할 수 있다. 3. 미세먼지를 줄일 수 있는 방법을 제시할 수 있다.		
교육대상	6학년 4반	인원	27명
교육시간	40분	활동공간	교실
준비물	PPT, 활동지(지우개지우기, 모둠별 질문 담긴 색지), 할리갈리 종, 스마트기기, 미세먼지 관련 책.		

수업단계		교수학습과정		준비물
		수업활동		소요시간
도입	동기 유발	■ **영상 – 영화 〈인터스텔라〉** – 지우개지우기 활동 : 영화 포스터를 보고 영상에 나오지 않을 것 같은 단어 3개 찾아 지우기(X표시 등) | 하늘	야구	황사
---	---	---
초미세먼지	지구	창문
농부	유령	옥수수			
		■ **영상 시청(1′28″)** T : 집중해서 시청하였나요? 영상에 나오지 않은 단어는 초미세먼지, 창문, 옥수수 이렇게 세 단어입니다. 가까운 미래, 20세기에 범한 잘못이 전 세계적인 기후위기와 식량 부족을 불러왔고 인류를 구하기 위한 주인공들의 모험이 담긴 영화입니다. 화면(PPT)을 보면, 감염병과 관련된 영화가 2019년 전에 개봉했고, 바이러스 재난영화가 코로나19 팬데믹을 통해 현실이 되었습니다. 여러분이 짧은 영상으로 본 것과 같이 기후위기와 미세먼지 등으로 우리는 지구의 종말까지 우려하는 상황이 벌어질 수 있습니다. 때문에 우리는 현실을 제대로 알고 기후위기를 막고 미세먼지를 줄이기 위한 노력을 기울여야 합니다.		5′ PPT 지우개 지우기 활동지 영상(1′28″)
	학습 문제 파악	■ **학습 목표 확인하기** 1. 미세먼지 발생 원인을 안다. 2. 미세먼지가 우리 삶에 미치는 영향을 말할 수 있다. 3. 미세먼지를 줄일 수 있는 방법을 제시할 수 있다.		

	학습 활동 안내	T : 오늘은 미세먼지가 무엇이고 어떻게 발생하는지, 미세먼지가 우리의 건강에 미치는 영향을 알아보고 마지막으로 미세먼지를 줄일 수 있는 방법에 대해 알아보겠습니다.	
		■ **학습 활동 안내하기** 〈활동〉 하나 남고 모두 가기(월드카페 토론) – 미세먼지와 관련된 질문에 대해 검색 및 색지에 정리(10분) –1명만 남고 모둠원들이 다른 모둠으로 이동 –1명 남은 사람이 이동한 학생들에게 질문과 답 설명(2분)	
		■ **역할뽑기** – 모둠지기(1명), 탐색자 (1–2명), 기록자(2명) – 모둠에서 1~5번 정하고 교사가 뽑기를 통해 역할 정해 칠판에 적기	
		■ **활동시작**	
전 개	활동	■ **미세먼지와 관련된 질문 조사하고 빈칸 채우기** (총 6모둠) 1. 미세먼지와 관련된 질문을 확인. | 모둠1	미세먼지란 무엇인가?(구성물질, 크기)
모둠2	미세먼지는 어디서 발생하는가? (자연적 VS 인위적)
모둠3	미세먼지가 우리 몸에 미치는 영향?
모둠4	정부에서 시행하는 미세먼지 방지책은?
모둠5	개인이 할 수 있는 미세먼지 방지책은?
모둠6	대기질 기준은?(오늘 속초의 대기 질은?)	 2. 모둠별로 미세먼지 관련 책, 스마트기기를 활용.	25′ PPT 타이머 (i-scream 누리집), 미세먼지 관련 책, 색지, 사인펜, 스마트기기

		3. 조사된 자료를 준비된 색지에 정리.	
		──────────── 여기까지 10분	
		4. 모둠지기는 자리에 남고 나머지 모둠원은 다른 모둠자리로 이동.	
		5. 모둠지기는 이동해 온 학생들에게 질문과 내용 설명(2분).	
		──────────── 여기까지 15분	
정리	학습 내용 정리	T : 오늘 배운 내용을 스토리큐브를 이용하여 배·느·실 (배운 점, 느낀 점, 실천할 점) 중 한 가지를 정해 만들어 보고 사진을 찍은 후 패들렛에 올려봅시다. T : 미세먼지에 관심을 가지고 우리가 미세먼지를 줄이는 데 각자의 노력이 필요함을 항상 인지하고 실천하길 바랍니다.	10′ PPT 스토리큐브, 스마트기기 패들렛 QR코드

[QR코드 모음]

미세먼지 종합포털	속초 대기질	패들렛

[수업 전 교사가 준비할 모둠별 질문색지]

교사가 준비한 색지 1	교사가 준비한 색지 2	교사가 준비한 색지 3
모둠1. 미세먼지란? －미세먼지란?(정의) －구성성분(미세먼지 속 독성물질) －미세먼지 크기	모둠2. 미세먼지는 어디서 발생하나요? －자연적 미세먼지 －인공적 미세먼지	모둠3. 미세먼지가 우리 몸에 미치는 영향은? －우리 몸(외형), 장기를 색지에 그려놓고 학생들이 찾아서 적을 수 있도록 함.
교사가 준비한 색지 4	교사가 준비한 색지 5	교사가 준비한 색지 6
모둠4. 미세먼지를 줄이기 위한 정책은?	모둠5. 개인이 할 수 있는 생활 속 미세먼지 대처요령은?	모둠6. 미세먼지 예보등급을 알아보고, 속초시 대기질을 확인해보기. －미세먼지(PM10) 예보 등급 －속초 대기질(에어코리아 누리집 QR코드 붙여놓음)

[수업 후 학생들이 작성한 모둠별 질문색지]

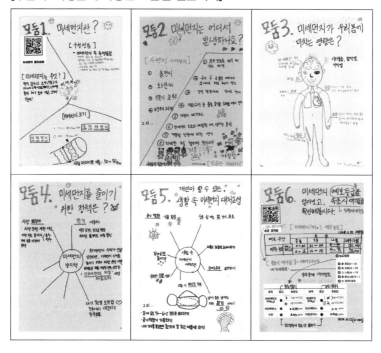

'미세먼지'와 '생태계'에 대한 진지한 나눔

어려운 공개수업을 진행하시느냐고 수고하셨습니다. 우선 질문 몇 가지 드릴게요. 수업을 통해 아쉬웠던 점이나 개선해 나가고 싶은 점이 있다면 무엇이 있을까요?

– '미세먼지 발생 원인과 생태계에 미치는 영향'이라는 주제에 대한 내용은 광범위하나, 40분 동안 풀어내야 하는 제한된 상황이 아쉬웠습니다. 학생들이 충분히 검색하고, 생각하고, 답을 찾아가며 스스로 고민할 수 있는 기회를 더 갖게 했어야 하는 것 아닌가 고민해 봅니다.

그렇다면 연구회 활동을 통해 배우고 깨달았던 점이 있다면 이야기해 주시죠.

– 제가 배우고 깨달은 점은

하나, 교재 혹은 수업을 연구하든, 친목을 위한 모임이든 맛있는 걸 잘 먹고 즐거워야 그 공동체가 잘 유지된다는 것을 깨달았습니다. 앞으로 연구회에서 활동하게 되면, 기본적으로 '잘 먹기'를 실천하려고 합니다.

둘, 수업에 대한 의지와 열정만 있다면 이것을 키우고, 끌어내줄 사람(수석교사)이 있다는 걸 경험했습니다. 지속적인 도움은 교사로서 성장할 수 있는 기회를 얻을 수 있는 밑거름이 되었다는 점이 연구회의 굉장한 이점인 것 같습니다.

셋, 보건, 영양, 담임교사의 조합으로 서로 모르는 분야의 전문가가 모여, 소통으로 서로가 이해할 수 있는 소중한 시간이었습니다.

좋은 깨달음. 훌륭한 답변이십니다. 그럼 보건교사로 가지고 있는 교육 방향성(비전)은 무엇인가요?

− 보건교사로 이루고자 하는 비전이라고 한다면 5가지를 꼽을 수 있는데요.

하나, 스스로를 가치 있는 사람으로 여긴다. 나도 소중하고 너도 소중하다. 다양성을 인정하자.

둘, 우리는 모두 '연결'되어 있다. 말 한마디, 행동 하나, 결국 나에게로 돌아온다.

셋, 지식보다 '실천'이다.

넷, 교사가 행복해야 학생이 행복하다. 교사의 행복이 학생들에게 스며든다.

다섯, 교사는 배움의 도구다. 부지런히 읽고, 배우고, 찾아다니고, 보고, 소통하고, 경험하면서 교사를 통해 세상을 학생들에게 안전하게 전달하자.

정말 훌륭하십니다. 해당 수업안을 더욱더 개발해서 어떤 활동들로 교체하거나 발전시키고 싶은 것이 있는지요.

- 차시를 늘리는 것이 우선일 것 같습니다. 모둠별로 전문가 집단이 되어 자료를 검색, 수집, 발표할 자료를 만들어 학생들이 수업을 진행할 수 있는 활동으로 발전시키고 싶습니다.

그럼 이것으로 수업 후의 대화를 마치겠습니다.

두 번째
만남

지구를 위한 한 끼의 밥상

자기소개 부탁드립니다.

— 안녕하세요. 청봉초등학교에 신규 발령을 받은 영양교사 장유진 입니다.

반갑습니다. 오늘은 〈지구를 위한 식습관〉이라는 주제로 수업하실 내용에 대해서 말씀 나누겠는데요. 우선 수업에 대한 수업자의 의도가 궁금합니다.

— 대한민국의 연간 육류 소비량이 과거에 비해 점점 증가되고 있습니다. 50년 전에 비해 거의 10배가 증가되고 있는 추세입니다. 그래서 저는 한 달에 한 번씩 '채식데이'를 진행하고 있습니다. 하지만 급식소리함과 학생들의 급식을 지도하면서 하는 말들을 들어보면, '채식데이' 대신 '육식데이'를 하자는 의견이 있습니다. 게다가 채식을 왜 먹어야 하는지 모르는 학생들이 많더라구요. 그래서

학생들이 채식을 왜 먹어야 하는지 알 수 있도록 수업을 구성했습니다.

채식을 왜 먹어야 하는지를 알 수 있도록 수업을 구성하셨다로 수업자의 의도를 요약해 볼 수 있겠네요. 그럼 수업의 구조에 대해서 이야기를 나눠볼까요. 우선 동기유발 자료로 어떤 것을 준비하셨고, 이를 통해 어떤 효과나 활동을 계획하였나요?

– 동기유발로 지구를 위한 식습관이 무엇인지 알 수 있도록 설계하였습니다. 우선 육류 위주의 식사를 하게 될 때, 지구에 어떤 영향을 끼치는가에 대한 동영상을 시청합니다. 그리고 배울 내용을 확인한 후에 활동 3가지를 진행합니다.

첫 번째 활동으로는 '한 끼 밥상 탄소계산기'라는 것을 활용했는데요. 모둠에서 대표가 나와 직접 식단을 구성하면서, 채식을 했을 때와 안 했을 때를 비교하며 탄소가 얼마나 많이 차이 나는지를 확인시켜 줍니다.

두 번째 활동은 '채식식판 완성하기'입니다. 모둠별로 태블릿을 활용하여 채식으로만 구성된 식단을 작성해보고, 가장 탄소량이 적게 나온 식단이 우승하는 것으로 구성했습니다.

세 번째 활동은 '포인트샐러드'라는 보드게임을 활용하여 샐러드 그릇에 채소를 가장 많이 담은 학생이 이기는 게임을 진행합니다.

마지막으로 학습내용 정리로는 어떤 실천을 할 것인지, 학생들의 발표 내용을 들으며 마무리합니다.

오. 흥미롭군요. 다시 수업에 첫 부분으로 돌아가서 동영상 시청이 있는데, 어떤 내용인가요?

－ 고기를 나량 섭취하게 되면 어떤 일이 벌어지는지를 알려줍니다. 농장 동물에게 먹일 곡물 재배를 위해 숲의 나무를 베어내고, 경작지를 만들기 때문에 숲이 파괴됩니다. 경작지에 물을 주어야 하기 때문에 물 소비량이 대폭 증가합니다. 또한 동물들은 효율을 높이기 위해 옥수수 사료를 먹기 때문에 동물들이 메탄가스를 내뿜게 되고, 이로 인해 지구온난화 현상이 나타난다는 내용입니다.

지구온난화 현상에 대한 의미 있는 영상이군요. 아마존의 밀림이 경작지 확보로 인해 무분별하게 파괴된다는 뉴스를 어제 보았는데, 일맥상통하는 내용으로 보입니다. 좋은 자료네요. 그럼 앞에서 이야기해 주신 '한 끼 밥상 탄소계산기' 활동에 대해 좀 더 구체적으로 설명을 부탁드릴게요.

－ '한 끼 밥상 탄소계산기'는 밥과 반찬, 국, 후식류 등을 클릭하면 한 끼 식사에서 발생하는 온실가스와 자동차 주행 시 발생하는 온실가스 양을 비교해볼 수 있습니다. 게다가 발생한 온실가스 저감을 위해 나무를 몇 그루 심어야 하는지도 알 수 있습니다.

해당 홈페이지에서 학생들이 직접 수치를 넣어서 결과를 살펴볼 수 있다는 말씀이시죠.

– 맞습니다. 학생들이 육식 대표 한 명, 채식 대표 한 명으로 나와서 식단을 구성해보고 얼마나 차이 나는지 확인해보는 활동을 할 것입니다.

그렇군요. 그럼 즉각적인 피드백이 되어서 학생들이 좋아하겠네요. 교수학습과정안에 보면 비건이나 프루테리언 등의 낯선 단어가 보입니다. 설명을 간단히 부탁드려도 될까요?

– 비건의 사전적 의미는 채소, 과일, 해초 따위의 식물성 음식 외에는 아무것도 먹지 않는 철저하고 완전한 채식주의자를 말합니다. 비건의 종류는 다양한데요. 먹는 음식에 따라 여러 단계의 채식주의자로 정리가 가능합니다.

- '락토 채식'은 동물 및 알류의 섭취를 제한하는 단계로 우유 및 유제품(치즈, 요구르트, 버터 등), 꿀의 섭취는 허용하는 채식 단계입니다.
- '락토오보 채식'은 동물 섭취를 제한하는 단계로 달걀, 우유, 꿀 등 동물에게서 자연적으로 얻을 수 있는 부산물을 섭취합니다.
- '페스코 채식'은 육지에 사는 동물(조류 포함)의 고기나 알류 섭취

를 제한하는 단계로 생선이나 해산물을 섭취합니다.

- '폴로 채식'은 짐승고기의 섭취만 제한하며 닭고기, 알류, 우유 및 유제품, 생선, 어패류 등 해산물은 섭취합니다.
- '플렉시테리언'은 평소에는 채식을 하지 않지만 특별한 경우에는 육식도 병행하는 자유로운 단계입니다.

추가적으로 '프루테리언'은 가장 높은 단계의 채식주의자로 비건보다 높으며, 동물의 생명은 물로 식물의 생명까지 존중하는 단계입니다. 식물을 해치지 않고 얻을 수 있는 과일이나 견과류 같은 열매만 섭취합니다.

매우 구체적으로 설명해 주셨는데요. 첫 번째 활동이 끝나면 두 번째 활동으로 '채식 식판 완성하기'를 하는데요. 구체적으로 어떻게 진행이 되고, 이를 통해 학생들이 배우는 것은 무엇일까요?

– 탄소밥상계산기를 한 번 더 활용합니다. 모둠별로 태블릿을 나눠주어 채식으로만 구성된 식단을 직접 짠 뒤, 가장 탄소량이 적게 나온 모둠이 우승하는 활동입니다. 밥, 국, 반찬, 후식류 중에 어떤 것이 고기가 없는 식품인지 직접 구분해봄으로 학생들이 채식식단에 대해 한 번 더 생각해보는 시간을 가져보도록 할 것입니다.

'건강식단을 찾아라' 미션처럼 '저탄소밥상을 찾아라'라고 볼 수 있겠군요.

– 네. 맞습니다!

활동 1, 2를 통해 탄소밥상 전문가가 되겠네요. 학생들이. 저도 해당 사이트를 들어가서 측정해 보았더니, 이게 의외로 탄소 배출량이 높게 나와서 화들짝 놀랐네요. 그럼 주제를 바꿔서 세 번째 활동 '포인트 샐러드 게임'에 대해서 설명 부탁드립니다.

– '포인트 샐러드 게임'은 간단한 수집게임입니다. 테이블 위에 점수카드와 채소카드를 올려놓고, 각 플레이어는 게임 규칙에 따라 카드를 가져가는데요. 테이블 위의 카드가 모두 사라지면 게임은 종료됩니다. 각 플레이어는 자신이 보유한 점수카드 마다 채소의 갯수와 종류 등을 세면서 점수를 계산합니다. 결국 점수가 가장 높을수록 게임에서 승리합니다.

설명만으로는 이 책을 읽는 선생님(독자)들은 잘 이해가 되지 않을 것 같습니다. 혹시 QR코드로 만들어 놓은 영상 링크 자료가 있나요? 교수·학습과정안에 올려놓으셨던데….

감사합니다. 지금 이 책을 읽고 계신 선생님들이 스마트폰을 꺼내서 바로 캡쳐해서 보실 거 같습니다. 해당 수업의 마무리는 어떻게 기획하고 계시나요?

샐러드 포인트
게임방법

– 마지막으로는 학생들에게 실제적으로 어떤 실천을 할 것인지 발표하는 순서입니다. 각자 지구에 도움이 되기 위해 어떤 실천을 할 것인지를 생각하는 시간을 갖도록 할 예정입니다.

실천의지를 다지는 것까지 아주 깔끔한 수업입니다. "지구를 위한 식습관" 수업을 설계하고 준비하면서 느낀 점이나 깨달은 것이 있다면, 말씀 듣고 정리할게요.

– 채식을 알려줄 때 학생들이 '이건 하면 안 되는 거구나', '이것만은 해야 하는구나'보다는 '채식은 재밌는 거구나', '자연과 이렇게 관련이 되어 있구나'라는 것을 알 수 있도록 하고 싶습니다. 그래서 무조건적으로 채식을 하 는게 아니라, '한 달에 한 번이라도 채식을 해 볼까?'라는 생각만 들게 해도 수업의 목적은 이루었다고 생각합니다.

수업 활동에 대해서 궁금한 점 몇 가지 더 질문할게요. 활동1 '한 끼 밥상 탄소계산기'에서 '채식데이'를 운영하신다고 하시던데, 어떻게 운영하고 계신 지 설명해 주실 수 있을까요?

– 한 달에 한 번은 고기가 들어가지 않는 식단을 제공합니다. 학생들이 '쉽게 채식을 실천할 수 있구나'라는 마음가짐을 갖도록, 대체육을 이용하거나 고기가 없는 채식데이를 실시하고 있습니다. 오

늘도 나물비빔밥에 배추된
장국, 무생채, 채소만두,
샤인머스켓이 나갔습니다.

채식데이 급식 사진

학생들의 반응이 궁금하네요.
– 아주 맛있다고 엄지척을
해주었습니다.

그렇군요. 맛과 건강을 다 잡는 채식데이는 한 달에 한 번 이상 하면 좋을
듯합니다. 제가 궁금한 것이 있어서 질문드립니다. 식단을 구성할 때 지역
농산물이 얼마나 많이 쓰이는지, 그리고 재료를 살 때 지켜야 할 기준은 무
엇이 있는지 궁금하군요.
– 1인당 급식비 중 친환경 식재료(강원도 도내산 생산, 가공 농산물 등)
는 약 16.5%, 지역산 과일이 약 3.3% 정도로 사용되고 있습니다.
추가적으로 육류 구입 시에는 거의 지역에서 사육했거나, 가공한
육류를 구입하고 있습니다. 기준은 국내산을 사용해야 합니다. 하
지만 수급이 불안정하거나 없을 경우에는 수입산을 사용하고 있습
니다. 예를 들면 키위나 파인애플, 참치 같은 거요.

설명 감사합니다. 한 가지 더 질문드리겠습니다. 학교마다 조리종사원 숫

자가 다른데요. 기준이 학생 수 대비 몇 명 기준인가요? 아님 다른 기준이 있는지요?

－학생 수 기준입니다. 총 급식인원인 급식학생과 교직원 수의 합, 그리고 학교 단위(초·중·고)에 따라 배치 인원을 정해 놓고 있습니다.

제 궁금증이 해결되었네요. 주변에 보면, 10대 시절에는 육류를 먹어야 한다는 생각이 강한 부모들이 많아요. 그런 부모들은 어떻게 설득해야 할까요? 학교 급식에서 문의가 들어온다면 어떻게 대처하실런지요?

－먼저 채식에 대해 거부감이 있으실 수 있다고 충분히 공감합니다. 채식을 하는 가장 일반적인 이유는 육식을 섭취하는 것이 비인도적이기 때문이라고 추측합니다. 하지만 채식을 함으로 지구환경에 도움을 줄 수 있다는 것을 이야기해 드리고 싶습니다. 한 사람이 1주에 1회씩 1년동안 채식을 하면 30년산 나무 15그루를 심는 효과가 있거든요. 또한 지나친 육식 위주의 식단으로 비만이나 성인병이 유발되는데 채식을 통해 이러한 문제점도 해결할 수 있다고 말씀드리면 어느 정도 이해해주시리라 생각됩니다.

좋은 의견입니다. 마지막으로 영양교사로 힘든 점이나 보람이 있다면 무엇인지요? 대답 듣고 수업에 대해서 조금 더 나눠 볼게요.

－음식을 먹고 너무 맛있다고 말해줄 때 제일 보람이 큽니다. 그리

고 피곤할 때 사랑한다고 귀에 속삭이고 가는 학생들 때문에 힘이 나요. 어려운 점은 외딴섬에 있는 느낌이려나요. 왜냐하면 급식실에 조리원분들과는 소통하나 다른 선생님들과는 자주 이야기를 못 나눠서 그런 듯해요. 그래도 이번 공동 작업(글)을 하는 시간 덕분에, 다른 선생님들과 친해져서 좋았습니다.

다행이군요. 대부분의 선생님들은 글을 쓰자고 하면, 손사래부터 치죠. 사실 처음이 힘들지 같이 하면, 덜 힘들고 쉽게 갈 수 있죠. 해당 수업을 진행함에 있어, 가장 고민되거나 아직 결정 못 하신 사항이 있나요?
— 채식 식판 완성하는 활동인데요. 가장 탄소량이 적게 나온 팀이 우승인데 탄소량도 적으면서, 맛있는 식단을 어떻게 나오게 하는지에 대한 고민이 밀려옵니다.

팁을 드리자면, 기본적인 채소와 과일 중 반드시 하나는 고르게 하는 것이 좋을 듯합니다. 그러면 기본적인 식단 구성의 요소들은 구비될 듯하네요. 그 밖에 채소, 과일이 다른데도 점수가 같으면 공동우승이 나오는 것도 재미있을 듯하고요.
— 공동우승도 생각해봐야겠네요! 과일이나 채소는 국내산만 된다는 규정도 넣어서 은근슬쩍 권유해도 좋을 듯합니다.

현재 프로그램 개발과 수정이 이루어지는 것으로 알고 있는데요. 오늘 날짜가 2022년 9월 28일 수요일입니다. 공개수업은 10월 12일이니 1주일 이상 남았으니, 남은 기간 동안 심사숙고하셔서 더 보람차고 재미있는 수업 설계해 주세요.

[학습지도안]

프로그램명	2차시				
학습주제	지구를 위한 식습관				
학습 목표	육식으로 인해 탄소 배출량이 증가됨을 알고 채식을 실천할 수 있다.				
교육대상	6학년 4반	교육시간	40분	인원	25~27명
활동공간	교실	준비물	PPT, 활동지, 식판, 종이, 필기구, OTP		

수업단계		교수학습과정 수업활동	준비물 소요시간
도 입	동기 유발	■ **지구를 위한 식습관 알아보기** T : 지구를 위한 식습관엔 무엇이 있을 것 같나요? S : 음식을 버리지 않아요. S : 다 먹어요. T : 네~ 맞아요 음식을 버리지 않고 다 먹는 것도 지구에게 도움이 되지만 어떤 음식을 덜 먹고 이 음식을 더 먹는 것이 지구에게 도움이 된다고 합니다. 한번 알아볼까요? S : 네	4′ PPT

동기유발 동영상 : 고기 속에 숨겨진 비밀

■ **기후위기과 육류소비의 관계성**

1. 동영상 시청(3′)

T : 오늘 첫 번째 활동으로 육류 소비가 지구에 어떤 영향을 주는지 알아보는 시간을 가질 거예요. 먼저 동영상을 시청하겠습니다.

(동영상 시청 후)

T : 고기를 먹는 것이 지구에 어떤 영향이 있는지 알겠나요?

S : 네.

2. PPT로 정리하기

T : 50년 전에 비해 연간 1인 고기소비량이 10배나 증가하고 있는 추세에요. 고기를 다량섭취하게 되면 어떤 일이 일어날까요?

S : 동물에게 먹일 곡물을 재배하기 위해 나무를 베어내요. 숲이 파괴돼요.

S : 물을 많이 쓰게돼요. 동물이 많아져서 메탄가스를 만들어내요.

T : 맞아요. 그런 일들이 모두 종합되어 지구온난화 현상이 가속화 됩니다.

학습 문제 파악	■ **학습 문제 확인하기** 육식으로 인해 탄소 배출량이 증가됨을 알고 채식을 실천할 수 있다. T : 오늘의 학습문제를 다 함께 읽어볼까요? 이 활동을 하기 위해서 오늘 친구들과 선생님이 세 가지 활동을 할 거예요.

	학습 활동 안내	■학습 활동 안내하기 활동1. 한 끼 밥상 탄소계산기 활동2. 채식 식판 활동3. 포인트샐러드게임 (교사가 읽는다)	
전 개	활동 1	■한 끼 밥상 탄소계산기 1. 대체육 사진 보여주기 T. 이 제품들의 공통점은 무엇인 것 같나요? S1 : 모르겠어요. S2 : 고기가 없어요! T : 맞아요 고기가 아닌 콩이나 식물성 단백질로 만든 제품들입니다. 왜 이런 제품들이 많이 나오는 걸까요? S1 : 육류소비를 줄이기 위해서요. S2 : 채식을 해야 해서요. T : 그 이유는 우리가 먹는 매끼 식사마다 탄소가 배출되고 있기 때문이에요. 탄소가 얼마나 나오는지 궁금하지 않나요? S : 네. 활동 1,2 웹사이트 : 한끼밥상탄소계산기 2. 탄소계산기를 활용해 배출량 확인하기 T : 우리 밥상에 오르는 음식들의 탄소발자국은 어느 정도일지 내가 먹을 한 끼 밥상을 차리면서 탄소 배출량을 확인해 볼 시간을 가질게요. S : 네. 대표 한 명을 정해 먹고 싶은 메뉴를 선택해서 탄소 배출량 보여준다.	8′

48

	다른 대표 한 명에게는 채식으로만 구성되도록 메뉴를 구성하여 탄소 배출량을 보여주어 비교한다.	
	이 식단의 한 끼 탄소 배출량은 ___kgCO2e(킬로그램 씨오투 이퀴벌런트)입니다. 이는 승용차 1대가 _____km 이동 시 배출하는 온실가스량에 해당하며 배출된 온실가스를 흡수하기 위해서는 소나무_____그루가 필요합니다.	
활동 2	■ **채식 식판 완성하기** 1. 채식에 대해 설명한다. T : 육류소비를 줄이기 위한 채식의 종류가 어떤 것이 있는지 알아봅시다. S : 네. T : 채식은 다양한 유형이 있어요~ 우리 학교는 어떤 단계로 운영하고 있을까요? S1 : 비건이요. S2 : 락토요. T : 우리 학교는 비건이나 락토 단계로 채식데이를 운영하고 있어요. 한번 볼게요.	
	2. 채식데이 식단 사진 보여주기 T : 여기 사진에는 무엇이 없을까요? S1 : 고기요. T : 맞아요~ 고기가 없어요! 친구들이 먹었을 때 맛이 어땠나요? S1 : 맛있었어요. T : 그렇구나~ 그래도 채식이라고 해서 거부감은 없었죠? 맛있게 먹은 친구들이 많았을 거예요~ S2 : 별로였어요.	

		T : 여러분도 육류를 소비하지 않고 한 끼 식사를 한번 만들어 볼까요? S : 네. T : 모둠별로 태블릿을 이용해서 탄소밥상계산기 사이트에서 채식을 실천할 수 있는 한 끼 식사를 만들어 보아요~ 완성된 식판 중에 가장 탄소가 적은 팀이 우승입니다.	
	활동 3	■ **포인트샐러드게임** T : 그럼 지구에게 좋은 식습관은 바로 채식이겠죠? 이어서 할 게임은 채소게임입니다. 채소를 샐러드 그릇에 많이 담아서 포인트가 가장 큰 친구가 이기는 게임이에요. 누가 가장 채소점수가 높게 나올 지 한번 시작해볼까요? S : 네. **활동3 동영상 : 포인트샐러드 게임방법**	15′
정 리	학습 내용	■ **다양한 음식을 채식으로 만들어요.** T : 오늘 육식으로 인해 탄소배출량이 증가되고 채식이 어떤 도움이 되는지 알아보았는데요. 각자 지구를 위해서 우리는 어떤 실천을 할 수 있을까요? S1 : 고기 안 먹는 날을 만들어요. S2 : 채소를 잘 먹어요. T : 그래요. 고기 대신 다양한 채소를 이용하고 콩고기 등 대체육을 활용하면 좋겠죠? 집에서도 채식데이를 활용해보는 것도 좋을 것 같아요. 여러분도 다양한 방법을 통해 지구에게 도움을 줍시다. S : 네.	3′

'지구를 위한 식습관'이 주는 교훈

공개수업이 끝나고 좀 쉬셨나요? 수업에서 이런 점이 좋았고, 어떤 점은 아쉬었는 지에 대해서 수업자의 생각을 들어보고 싶네요.

– 수업을 진행하면서 좋았던 점은 생각보다 채식에 대해서는 학생들이 많이 알고 있었지만, 왜 채식을 하는지는 모르고 있는 경우가 많아서 수업에 의미가 있었다고 생각됩니다. 아쉬웠던 점은 생각보다 보드게임 설명이 많이 어려웠던 점입니다. 동영상을 보여준 뒤에 설명하려고 했더니, 집중도가 떨어져서 속상했습니다.

보드게임이 간단하면서 재미있지만, 여러 번 경험한 뒤에 했어야 하지 않나 싶어요. 정식 게임은 나중에 하더라도, 오픈식 간단한 놀이를 해 보는 것이 좋겠다는 생각을 했습니다. 예로 점수카드와 채소카드 짝짓기와 5장 카드로 최대 탄소발자국 점수 내기 등 '내년에 좀 더 디테일하게 활동을 기획해야 겠구나'라고 생각했습니다.

– 네. 게임 설명도 유튜브 동영상 대신 피피티에 1개의 슬라이드씩 천천히 설명 방법을 넣어야겠다고 판단했습니다.

공개수업을 '수.나.브.로'* 활동과 연계해서 기획하셨잖아요. 해당 활동을 어떻게 구성해서 하려고 하는지 간단히 설명해 주세요.

– 먼저 자기소개로 인사말을 전한 뒤 참여동기를 말합니다. 그리고 수업활동에 대한 소개를 간략히 전달할 것입니다. 그리고 학생들과 수업하는 영상을 보여주면서, 각 활동마다 어떤 내용으로 구성되어 있는지 소개할 것이구요. 마지막으로 수업 이후의 저의 인터뷰 영상으로 수업에 대한 유의사항이나 정보를 전달하며 마칠 예정입니다.

수업을 공개하고 이를 활용하여 인터뷰와 촬영까지 하는 활동이 선생님의 학교생활에 큰 전환점이 될 거라 확신합니다. 다음으로 수업을 위해 준비하면서 느낀 점이나 기억에 남는 활동이 있는지요?

– 고학년 수업을 처음 진행하는 데 있어, 여러 선생님들과 수업에 대한 이야기를 많이 해 보니, 보드게임이나 태블릿 등 여러 가지로

---

*수업 나눔 브이로그의 줄임말

활용하는 수업 도구들이 있다는 것을 알게 되었습니다. 이전까지는 수업을 준비할 때 교구를 직접 만들거나 프린트물을 이용하는 방법만 활용했었는데, 이번 기회로 여러 활동들을 많이 배우게 되어서 좋았습니다.

고학년은 저·중학년의 수업과는 다소 차이가 있지요. 그런 경험은 이제 1년 차인 선생님이 앞으로 겪어 나가면서, 자연스럽게 극복해 나가면 된다고 봅니다. 이제 마지막으로 수업이나 자신의 교육 비전(방향성)에 대해서 말씀해 주시죠. 어떤 수업, 어떤 교육 방향을 실천하고 싶으신지요?

– 저는 학생들이 재미있다고 느끼는 수업을 하고 싶습니다. 흥미 유발을 1순위로 두고 내용은 자연스럽게 머릿속에 남는 수업이요. 학생들이 제 수업을 들은 뒤, 느낀 점이나 궁금한 점을 스스로 찾아보면서 더 오래 기억했으면 좋겠습니다.

그렇군요. 대화를 마무리할 시간입니다. 꾸준히 온·오프라인에서 만나 서로 발전하는 관계가 되기를 소망합니다.

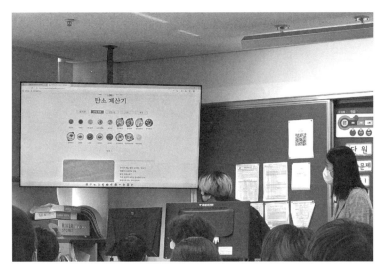

활동 1 : 탄소계산기

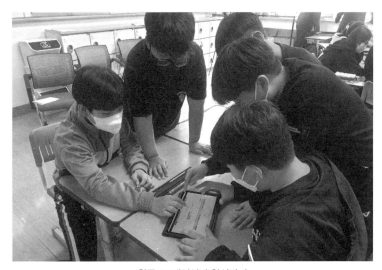

활동 2 : 채식식판 완성하기

활동 3 : 포인트샐러드게임

세 번째
만남

'공정무역'과 '메타버스'

〈공정무역의 의미와 가치〉라는 주제로 대화 나누겠습니다. 간단히 자기소
개 부탁드립니다.

— 청봉초등학교에서 6학년 담임을 맡은 교사 박동준입니다. 아직
1정도 못 받은 터라 이런 주제로 이야기하는 것이 쑥스럽네요. 미
숙하더라도 예쁘게 봐주셨으면 좋겠습니다.

수업에 대해서 이야기를 시작해 볼까요? 〈공정무역의 의미와 가치〉에 대
한 수업자의 의도에 대해서 말씀해 주시죠.

— 사회가 발전하고 경제적으로 풍요를 누리는 동안 사람들의 인식
이 높아졌습니다. 자신의 생존만이 아닌 민족, 국가, 지역을 넘어
서 범세계적으로 잘살 수 있는 방안을 찾고 있죠. 유네스코에서 제
시한 지속가능발전교육목표(SDGs)가 그 예시 중 하나입니다. 저는

그중 K-SDG-2 '식량안보 및 지속가능한 농업 강화' 파트 부분에서 '공정무역'을 활용하여 수업을 구성했습니다.

학교 현장에서 다루어야 할 정말 필요한 수업이라는 생각이 듭니다. 교수·학습과정안을 살펴보니 합리적 소비, 공정무역이라는 용어가 자주 보이는데요. 개념 설명을 간단히 부탁드려도 될까요?

– '공정무역'은 빈곤의 완화와 지속가능한 발전을 위한 전략 중 하나입니다. 기업들은 보다 더 높은 수익을 얻기 위해 노동자의 급여를 최대한 줄이고자 합니다. 노동자의 급여를 줄인다면 제품의 가격 또한 상대적으로 낮게 유지될 테고, 소비자 역시 그 제품을 선택하겠죠. 그렇기 때문에 기업들은 낮은 인건비를 사용할 수 있는 저개발국가에 공장을 짓고, 세계적인 평균임금보다 낮은 임금을 주고 있습니다. 저개발국가 노동자들의 희생으로 쌓여진 부가 인프라에 투자된다면 좋겠지만, 실상은 그렇지 않습니다. 경제발전의 혜택을 모두가 누리지 못하는 것이지요.

공정무역은 이에 소외된 저개발국가의 생산자와 노동자들에게 합리적인 조건을 제공하고, 권리를 보호함으로 지속가능한 발전에 기여하는 데 큰 역할을 합니다.

'합리적 소비'란 소비했을 때 만족감이 더 큰 쪽이 무엇인지, 소비로 인해 발생할 기회비용을 고려해 한정된 소득 내 최소의 비용으로 최대 만족을 얻을 수 있는 소비를 뜻합니다.

사회가 발전함에 따라 합리적인 소비에 대한 인식 역시 변화하고 있습니다. 단순히 가격이 싼 제품이 아닌 원료 함량이 높은 제품, 친환경제품, 노동자의 권리를 생각한 제품 등 다양한 이해관계에 따라 사람들은 합리적인 소비를 합니다. 저는 수업을 통해 학생들에게 새로운 합리적 소비의 기준을 제시하고 싶었습니다.

이제 수업으로 들어가서 학습 활동으로 '메타버스'를 활용한 공정무역의 의미와 필요성 알기를 계획하셨는데요. 어떤 활동인지요? 그리고 해당 활동에서 학생들이 깨닫거나, 배웠으면 하는 내용은 무엇인지요?

– '메타버스' 프로그램을 활동하여 게임 형식으로 공정무역의 의미와 필요성을 알려주고자 했습니다. 메타버스에 접속하여 공정무역 관련 자료를 읽고, 미로를 지나 문제를 맞히는 수업을 진행하고자 합니다. 직접 플레이(play) 해볼 수 있는 환경을 조성하여 학생들이 공정무역에 대해 몰입을 유도할 것입니다.

'메타버스' 하면 어렵게만 느껴지는데요. 선생님은 메타버스를 어떻게 공부해서 수업에 적용하셨는지가 궁금하네요. 어떤 노력을 하셨는지요?

– '메타버스'란 단어를 접한 것은 코로나19 때부터입니다. 코로나19가 퍼지고 언택트가 강조되며 메타버스가 대안으로 부상했습니다.

메타버스란 현실과 같은 사회적, 경제적 활동이 통용되는 3차원 가상공간을 말합니다. 좀 더 생각해보니 메타버스는 그리 멀지 않은 곳에 있더군요. 바로 어렸을 때부터 즐겨하던 온라인 게임이었죠.

가상공간에서 직접 조작하여 무언가를 이뤄낼 때의 성취감과 즉각적인 보상은 저를 공부보다 게임에 빠져들게 했습니다. 지금 학생들 역시 같은 이유로 게임을 좋아합니다. '공부를 게임처럼 만들 순 없을까?'란 생각과 메타버스란 방법을 엮어 지금의 교수·학습 과정안을 기획했습니다.

하지만 문제가 있었습니다. 게임을 좋아하는 것과 게임을 만드는 것은 다른 차원의 문제란 것이죠. 다행히 'zep'이란 온라인 사이트가 큰 도움을 주었습니다. 코드를 짜는 것이 아닌 예전 '싸이월드' 방꾸미기처럼, 빈 공간에서 정해진 물건을 활용해 자신만의 생각을 구현할 수 있게 도와주는 사이트입니다. 그렇다 해도 공간을 디자인하고 꾸미기를 하고, 그 속에 수업에 관련된 자료를 넣는 것은 상당한 노력과 시간이 필요했습니다.

다만 이렇게 만든 자료 활용해 학생들과 즐겁게 수업하고 나눌 수 있다면, 크나큰 행복일 것 같아 프로젝트를 진행하게 되었습니다.

'메타버스'를 수업에 적용하는 것은 어렵고 힘든 일이라 봅니다. 코로나19로 인해 필요성이 대두되지 않았다면, 쉽게 결정하지 못했으리라 봅니다.

그럼 메타버스에 들어가서 사용하는 동영상과 정보
에 대해 소개해 주시죠.

메타버스 큐알코드
'싼 가격의 진실'

– 싼 가격의 진실이라는 동영상입니다. 대부
분 사람들은 값이 싸다면 합리적인 소비라고
생각합니다. 저렴한 가격 뒤에 어떤 사실이 숨
어 있는지 생각하지 않고 당연시하죠. 그래서 가격만을 고려한 소
비 행위에 의구심을 갖게 하고자 제작해 보았습니다.

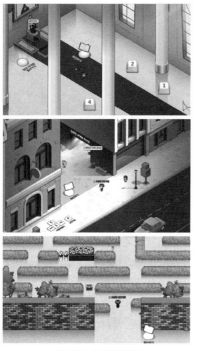

메타버스 속 수업공간

보시는 화면은 제가 만든 메
타버스입니다. 메타버스 속
에 들어가 캐릭터를 플레이하
고, 문제에 관한 정보를 활용
해 공정무역을 배울 수 있도
록 구성했습니다.

QR 주소로 들어가서 살펴보
았더니, 학생들이 재미있게
참여할 수 있도록 구성되어
있더군요. 다만 메타버스를
활용함에 있어서 힘들어하거
나, 어려워할 학생들이 발생
할 수 있을까 걱정이 됩니다.

학생들이 활용하는 데는 문제가 없을까요?

– 친숙하지 않은 친구들도 분명 있을 것입니다. 문제 역시 쉽게 풀지 못하게 만들었구요. 어려운 문제에 부딪쳤을 때, 서로 돕게 할 예정입니다. 어려움을 극복하고, 큰 성취감을 얻었으면 합니다.

어려움을 극복하고 성취감을 얻는 교육. 사실 이런 배움이 진정한 교육이라고 봅니다. 그럼 이번에는 "바나나 무역 역할 놀이하기"에 대해서 질문할게요. 놀이 방법이나 주의사항이 있다면 무엇이 있을까요?

– 바나나 무역 역할 놀이의 진행 방법을 순서대로 설명해 드릴게요.

1. 임의로 모둠을 짜서 노동조합을 만든다.(농부, 농장 주인, 선적처리 업자, 수입업자, 대형마트 주인)
2. 바나나 가격 3,000원 중 우리 모둠은 얼마를 받아야 하는지, 그 이유는 무엇인지 말한다.
3. 모둠별로 발표자가 나와 대표자 토론을 진행하여 3,000원을 얼마를 받아야 하는지 합의한다.
4. 역할에서 벗어나 소비자 입장에서 생각하고 발표한다.
5. 실제 바나나 가격분배는 어떻게 이뤄지고 공정무역이 필요한 까닭에 대해 조사한다.

주의사항은 자신이 맡은 역할만을 생각한다면, 원활한 합의가 이뤄지지 않을 것이 분명하기에 타인의 역할, 수고를 고려해 합리적으로 분배가격을 설정해야 한다는 점을 고지해야 합니다.

'바나나 무역 역할 놀이'를 통해 학생들이 이런 것을 배웠으면 한다거나 수업을 설계함에 있어서 고려한 점이 있다면 어떤 것일까요?

– 역할 놀이를 하면서 상품 가격 속에 많은 과정과 노력이 들어 있음을 깨닫고, 가격이 분배됨에 있어 노력에 비례해 임금을 받지 못하는 불공평한 상황을 학생이 몸소 느꼈으면 합니다. 저렴한 가격은 농부의 불공정한 희생을 바탕으로 형성됐으며, 이를 벗어나기 위한 방법으로 '공정무역 제품 구입하기'가 있다는 점을 알려주고자 합니다

실제로 다음 주에 이루어지는 공개수업이 매우 역동적일 것 같습니다. 그럼 앞에서도 이야기한 메타버스 방탈출 게임에서 학생들이 어떤 활동을 경험했는지 단계별로 설명해 주실 수 있을까요?

– 메타버스 방탈출은 크게 5개 파트로 구성됩니다.

1-2-3번 방은 메타버스 내 조작방법과 방의 이동 방법에 대해 숙지합니다. 4번 방은 활동 1이 이뤄지는 곳입니다. 공정무역의 사전적 정의와 기사를 읽고 해당 문제를 직접 풀며 비밀번호를 입력

해 다음 방으로 나아갑니다. 5번 방은 활동 2를 하기 전 대기방입니다. 역할 놀이를 위해 태블릿을 내려놓고 현실에서 주어진 역할을 수행한 뒤 6번 방으로 나아갑니다. 6번 방에서는 그동안 배웠던 것의 복습과 추가 자료를 통해 미로를 통과해야 합니다. 7번 방은 활동을 마무리하고, 소감을 나눌 수 있는 방으로 구성했습니다.

학생들이 흥미진진하게 도전하고 배우는 시간이 될 듯합니다. 바나나 공정무역 활동이나 메타버스를 진행함에 있어서 혹시 참고한 사이트나 자료는 어디서 참고하였는지요? 관심 있는 선생님들에게 큰 도움이 될 듯합니다.

– 바나나 공정무역 활동은 인천교육청 '동아시아국제교육원'의 자료를 기조로 '한국공정무역협회', '위키백과' 등을 참고하여 만들었습니다. 동아시아국제교육원엔 세계시민교육과 관련 있는 다양한 자료가 있기 때문에, 관심 있는 분들이 참고하시면 좋을 것 같습니다. 메타버스는 zep사이트의 기존 자료 맵을 활용하여 만들었습니다.

학부모 공개수업과 상담으로 매우 바쁘신 와중에도 수업 전 대화에 성실히 참여해 주셔서 감사합니다. 해당 수업을 통해 학생들이 이런 것을 깨닫거나 배웠으면 하는 게 무엇인지 들어보고 마무리하겠습니다.

– 유기적으로 연결된 세상 속에서 살아갈 학생들에게 선택의 방향성을 넓혀주고 싶습니다. 이번 공정무역에 관한 수업을 통해 합리

적 소비에 대한 새로운 기준점을 제시하고, 고민하는 시간을 통해
세계시민에 한 발짝 더 나아갔으면 합니다.

[학습지도안]

프로그램명	1차시				
학습주제	공정무역의 의미와 가치				
학습 목표	공정무역의 의미와 가치를 이해하고 공정무역의 필요성을 설명할 수 있다.				
교육대상	6학년 4반	교육시간	40분	인원	27명
활동공간	교실	준비물	태블릿, PPT, 학습지, 역할 관련 명찰		

수업단계		교수학습과정	준비물 소요시간
		수업활동	
도입	동기유발	■합리적인 소비 기준 알기 | 일반 바나나	유기농 바나나	공정무역 유기농 바나나
---	---	---
2,270원	3,490원	4,650원 | T : 소비자가 되어 물건을 산다면 맛과 크기가 동일할 때 어떤 바나나를 선택할 건가요? S : 저라면 가격이 가장 저렴한 일반 바나나를 살 것 같습니다. T : 좋아요. 그렇다면 농약을 안 쓴 유기농 바나나를 사고 싶은 친구는 있을까요? S : 저는 건강을 생각해 유기농 바나나를 사고 싶습니다.	5′

		T:맞습니다. 합리적인 소비란 저렴한 가격일 수도 있고, 건강을 생각한 유기농일 수도 있겠네요. 그렇다면 공정무역 유기농 바나나를 사고 싶은 친구는 있을까요? T:공정무역이란 단어가 참 생소하죠. 오늘은 공정무역에 대해 무엇이고 어떠한 장점이 있는지 알아보겠습니다.	
	학습 문제 파악	■ **학습 문제 확인하기** 공정무역의 의미와 가치를 이해하고 공정무역의 필요성을 설명할 수 있다. T:오늘의 학습문제를 다 함께 읽어볼까요. 시작 (읽는다). 잘 읽었어요. 이 활동을 하기 위해서 오늘 친구들과 선생님이 두 가지 활동을 할 거예요.	
	학습 활동 안내	■ **학습 활동 안내하기** 〈활동1〉 메타버스를 활용해 공정무역의 의미와 필요성 알기 〈활동2〉 바나나 무역 역할 놀이하기 (교사가 읽는다)	
전 개	활동 1	■ **메타버스를 활용해 공정무역의 의미와 필요성알기** 1. 개인별로 스마트기기를 활용해 메타버스(zep)에 접속한다. 2. 메타버스에 마련된 장소에서 동영상과 공정무역에 관한 정보를 본 뒤 학습지에 적는다. T:오늘 첫 번째 활동으로 책상 위 태블릿PC를 사용해서 메타버스에 접속 후 공정무역의 의미와 가치를 찾고, 내용을 정리해서 학습지에 적어보세요. 시작해볼까요? 1. 개인별로 스마트기기를 활용해 메타버스(zep)에 접속한다. 2. 메타버스에 마련된 장소에서 동영상과 공정무역에 관한 정보를 본 뒤 학습지에 적는다.	10′ 학습지 태블릿

T:오늘 첫 번째 활동으로 책상 위 태블릿PC를 사용해서 메타버스에 접속 후 공정무역의 의미와 가치를 찾고, 내용을 정리해서 학습지에 적어보세요. 시작해 볼까요?

싼 가격의 진실 – '공정무역 메타버스'

활동 2	**■ 바나나 무역 역할 놀이하기** 1. 임의로 모둠을 짜서 노동조합을 만든다.(농부, 농장 주인, 선적처리업자, 수입업자, 대형마트 주인) 2. 바나나 가격 3,000원 중 우리 모둠은 얼마를 받아야 하는지, 그 이유는 무엇인지 말해본다. 3. 모둠별로 발표자가 나와 대표자 토론을 진행하여 3,000원을 얼마를 받아야 하는지 합의한다. 4. 역할에서 벗어나 소비자 입장에서 생각하고 발표해 본다. 5. 실제 바나나 가격분배는 어떻게 이뤄지고 공정무역이 필요한 까닭에 대해 알아본다.	20′ 역할 관련 명찰

역할	하는 일
농부	1. 하루에 12~14시간씩 더위 속에서 일해요. 무거운 바나나를 등에 메고 이동해요. 매일 물속에서 바나나를 담그고 씻어요. 2. 비료와 살충제로 암, 다른 병에 걸려 건강이 위험해질 수 있어요. 3. 음식을 사거나 병원에 가거나 아이들을 학교에 보낼 수 있는 충분한 돈이 있는지 걱정해요.

농장 주인	1. 비싼 살충제, 살충제를 뿌리는 비행기, 도구와 기계들에 사용되는 연료비를 지급해요. 2. 수확이 좋지 않거나 허리케인, 해충이 농작물에 피해를 주면 손해를 감수해요. 3. 바나나를 오래 키울수록 땅의 좋은 성분들이 줄어들어요. 더 비싼 비료를 사거나 새로운 땅을 사요.
선적 처리 업자	1. 많은 양의 바나나를 실으려고 큰 화물선을 구매해요. 화물선을 유지, 보수하고 연료를 사는 데 큰 비용이 들어요. 2. 바나나가 바다를 항해하는 동안 익지 않도록 배 안의 거대한 냉장고에 보관해요. 3. 배가 항구에 정박해 있는 동안 항구 이용 비용을 내요.
수입 업자	1. 항구에서 바나나 숙성센터, 숙성센터에서 마트까지 바나나를 트럭에 옮겨요. 2. 다른 나라에서 바나나를 가져오기 위해 수입 면허 수수료를 내요. 3. 바나나들을 숙성시키기 위한 숙성 가스, 익은 바나나를 다시 포장하기 위한 재료구매, 직원들에게 줄 급여에 대한 비용을 내요.
대형 마트 주인	1. 함께 일하는 직원들에게 급여를 지급해요. 2. 더 많은 고객을 끌어모으기 위해 어떤 바나나를 팔고 있고 다른 마트보다 얼마나 더 좋은지 광고해요. 3. 직원 유니폼, 운송관리, 매장관리 등 마트를 운영하고 관리해요.

T : 두 번째 활동은 바나나 무역 역할놀이입니다. 라틴 아메리카 대농장에서 생산된 바나나는 여러 과정을 거쳐 우리 식탁에 올라옵니다. 여러분은 노동조합 참여 후 자신의 맡은 역할 뿐만 아니라 다른 역할을 고려하여 바나나 가격 '3,000원' 중 얼마를 분배 받아야 할 지 주장해봅시다. 주어진 역할 이외에 다른 역할이 하는 일을 살펴보며 합리적 얼마를 분배 받아야 하는지 주장해보세요.

T : (모둠별로 토의 완료 후) 정리가 되었다면 각 조합의 발표자가 나와 대표자 토론을 진행해 3,000원의 분배를 합의해봅시다.

S1 : 농부 측 대표입니다. 노동시간이 길고, 험한 일을 하니 3,000원 중 1,000원은 받아야 한다고 생각합니다.

S2 : 선박업자 측 대표입니다. 다양한 곳에 수출하기 위해선 3,000원 중 1,200원은 받아야 한다고 생각합니다.

(토의 후 바나나 가격 분배를 확정 짓는다.)

T : 각자의 입장이 얽혀 분배하는 게 쉽지 않았죠? 이제 역할에서 벗어나 소비자 입장에서 각 측은 얼마를 받아야 하는 지 발표해봅시다. (의견 청취 후) 네, 그렇다면 실제 바나나 가격분배는 어떻게 이뤄지는지 보겠습니다.

역할	농부	농장 주인	선적 처리 업자	수입 업자	대형 마트 주인
실제 분배 내역 (원)	100	500	400	700	1,300

| | | T : 바나나 무역 역할 놀이와 실제와의 분배 내역을 비교해봅시다. 실제 바나나 무역의 분배가 공정하다고 생각하시나요?

세계무역은 모두에게 공정하지 않습니다. 기업들은 더 많은 이익을, 소비자는 더 싼값을 바랍니다. 그래서 바나나 농부의 일당을 줄이는 식으로 가격을 맞춥니다. 이러한 낮은 임금으론 식량, 병원, 의복, 교육 등의 생활비를 감당할 수 없습니다.

우리는 값싼 바나나, 커피, 초콜릿의 맛을 느끼는 동안 어딘가의 노동자들이 대신 그 대가를 치르고 있습니다. 공정무역 상품을 선택하는 내 행동 하나가 안전하고 건강한 노동환경을 만듭니다.

동영상 2 : 공정무역을 통한 생산자 삶의 질 변화

T : 공정하기 위하여 많은 소비자들은 자신이 구매하는 물건의 생산과 유통 과정에 관심을 가지고, 노동의 가치가 공정하게 배분되는지 지켜봐야 하겠습니다. | |
| 정리 | 학습
내용
정리 | ■ 메타버스를 활용한 정리 방탈출
T : 태블릿을 다시 펴고 오늘 배웠던 내용을 활용해 메타버스 방탈출을 진행하고, 방탈출을 완료했다면 메타버스 화이트보드에 공정무역에 대해 자신의 생각을 적어보며 마무리하겠습니다. | 5′
태블릿 |

[학습지]

공정무역의 의미와 가치 –공정무역의 의미와 가치를 이해하고 공정무역의 필요성을 설명할 수 있다.	_____ 초등학교 학년　반　번 이름 :

[학습지 1]

공정무역 고양이 왕국을 탐험하고 정답을 적고 비밀번호를 맞춰보세요
왕국 퇴장 비밀 번호 고양이 왕국 1번째 문제 공정무역의 설명 정답 : 고양이 왕국 2번째 문제 공동체 발전기금 정답 : 고양이 왕국 3번째 문제 공정무역의 장점 정답 : 고양이 왕국 4번째 문제 윈즈윈드 섬의 얻었던 것이 아닌 것 정답 :
활동 2 비밀번호 :
왕국 미로 비밀 번호 고양이 왕국 1번째 문제 공정무역의 설명 정답 : 고양이 왕국 2번째 문제 공동체 발전기금 정답 : 고양이 왕국 3번째 문제 공정무역의 장점 정답 : 고양이 왕국 4번째 문제 윈즈윈드 섬의 얻었던 것이 아닌 것 정답 : 고양이 왕국 5번째 문제 공정무역 마크가 아닌 것 정답 : 고양이 왕국 6번째 문제 공정무역에 대해 배운 것 정답 :

정답
왕국 퇴장 비밀 번호 : ③②⑤⑤
활동 2 비밀번호 : 641004
왕국 미로 비밀 번호 : ③②⑤⑤⑦②

[학습지 2] 바나나 무역 역할놀이 하기

직업 종류	내가 맡은 역할에 동그라미 치고 바나나 값 3,000원 중 얼마를 받아야 하는지 적어주세요. 이후 대표자 토론 때 다른 역할의 주장도 간단히 적어보세요
농부	
농장 주인	
선적처리업자	
수입업자	
대형마트 주인	

'공정무역'의 의미와 가치를 배우다

공개수업이 끝나고 일주일이 지났네요. 그동안 뭐하고 지내셨는지요?

– 학교 축제가 계획되어 있어 정신없는 하루를 보내고 있습니다.

축제는 학생들을 행복하게 하지만, 교사들은 힘든 교육행사죠. 그럼에도 그런 활발한 활동이 학교교육의 장점이기도 합니다. 수업을 마친 소감 한 마디 들어볼까요?

– 큰 산을 하나 넘었다고 생각하고 있습니다. 신경이 많이 쓰였는데, 예정대로 잘 끝나 다행입니다.

산이 앞으로 더 많이 나올 나이시죠. 하지만 이런 산행이 언젠가는 훌륭한 교육 등반가이자 선생님을 만들어 주리라 확신합니다. 수업을 끝마치고, 아쉬웠던 점이나 수정해야겠다는 생각이 들었나요?

– 열심히 등반해보겠습니다. 아쉬웠던 점은 아무래도 프로그램상 오류입니다. 다수의 인원이 서버에 접속하다 보니, 렉이 걸리더군요. 또한 태블릿과 모바일 버전이 호환이 잘 안 되어 어려움을 겪었습니다. 다음에 진행한다면 학생들이 가지고 있는 스마트폰이나 모바일 버전 zep을 활용할 생각입니다.

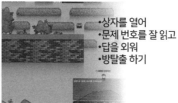

활동 1 : 메타버스를 활용한 공정무역 수업

활동 2 : 메타버스 방탈출

그런 부분은 차차 경험을 통해 해결될 간단한 문제라고 봅니다. 메타버스를 활용한 수업을 직접 해 보시고 나서 얻게 된 점이 있다면 무엇이 있을까요?

– 해당 수업은 경험주의 교육관에 입각하여 수업을 진행했고, 이번

경험을 통해 더욱 확고해졌습니다. 활동 중심의 수업이 학생들 만족도와 교육 효과 극대화에 긍정적이라는 결과를 도출해 냈습니다.

활동 중심의 수업이 초등학교 학생들에게는 매우 필요하죠. 공정무역에 대한 학생들의 바나나게임에 대한 토론 문화를 좀 더 가르쳐야겠다는 생각과 각 역할에 따른 자신의 주장만을 하는 모습이 다소 혼란스럽고, 수업을 진행하심에 있어서 교사가 매우 곤란했겠다는 생각이 들더군요. 이에 대한 개선 방향을 어떻게 잡고 계시는지요?

– 오히려 그런 혼란이 제가 원하던 의도와 일치했습니다. 합의라는 게 10분 만에 이뤄질 수 없다고 생각해 당연한 결과라 생각합니다. 현실로 생각해도 상대방 수고를 인정해 나의 월급을 깎겠다는 말이 안 되니까요. 오히려 양보했다면 상황에 대해 몰입하지 않았다고 판단했을 것 같습니다. 일어난 상황을 통해 '공정무역 바나나는 인권을 생각해 당연히 비쌀 수밖에 없다.', '인권이 보장되는 과

활동 3 : 메타버스 방탈출

정 역시 여러 목소리들로 인해 혼란스러울 수밖에 없다.', 하지만 '인권이 보장되는 공정무역 바나나를 산다면 그 사람들에게 큰 도움이 될 것이다.'를 전하고 싶었습니다.

본 수업을 충분히 숙지시키기 위해서는 블록으로 수업을 진행해 보는 것이 어떤가 생각합니다. 많은 시행착오가 오히려 학생들에게는 성장시키는 기회가 되니까요. 6학년 학급 학생들이 담임선생님의 수업도 듣고, 보건교사, 영양교사의 수업을 연속해서 경험했는데요. 학생들의 반응이 궁금하네요.
– 좋은 생각입니다. 역할 놀이만 빼서 1차시 진행해도 좋았을 것 같습니다. 학생들은 처음엔 무척 긴장했지만, 재밌는 활동을 연달아 진행해 무척 흥미로워했습니다. 밀도 있는 수업을 2-3-4교시 3차시 동안 진행하다 보니 5교시엔 힘이 들어 조용했습니다.

그렇군요. 올해 처음으로 교원학습공동체를 구성해서 세계시민교육이라는 큰 영역을 시도해 보았는데요. 이는 저를 포함한 세 분 모두에게 큰 의미가 있으리라 봅니다. 이제 해당 수업을 통해 성장하신 점이나 긍정적인 점을 말씀해 주시고 마무리하죠.
– 처음 교원학습공동체를 제안받았을 때부터 참신한 조합이었습니다. 수석교사에 저경력교사, 영양교사에 보건교사라니. 같이 수업을 연구한다면 어떠한 결과물이 나올까 기대를 많이 했습니다.

다양한 분야의 사람들이 모이니 다양한 의견, 제가 알 수 없었던 분야의 고충이나 어려움, 생각해 볼 점들이 있었고, 여러 시각에서 세계시민이라는 과제를 연구할 수 있었습니다. 이번 프로젝트로 수업 성장과 더불어 정신적 성장을 이룰 수 있었기에 뜻깊은 시간이었습니다. 이 자리를 마련해주신 수석선생님께 감사하단 인사 드리고 싶네요.

열심히 참여해 주신 박동준 선생님을 비롯한 임유나 선생님, 장유진 선생님이 진정한 주인공입니다.

《세계시민교육, 수업으로 실천하다》 지은이

문주호

연세대학교 관리과학대학원을 졸업하고 현재 청봉초등학교에서 수석교사로 근무하고 있다. 강원세계시민교육연구회 회장이며, 다양한 저서와 강의를 하고 있다. 저서로는 《드디어 공부가 되기 시작했다》《옆집아이 성적의 비밀, 건강에 있다》 《유초등생활백서》《대한민국 10대 건강은 하십니까》《세상을 디자인하라》《세계시민교육》《교사반성문》 등이 있다.

연락처 : jadaicome@hanmail.net

임유나

치열하고 북적북적한 서울에서의 삶을 떠나 현재 청봉초등학교에서 보건교사로 근무하고 있다. 자연이 좋아 떠나온 강원도, 계절의 변화를 온몸으로 느끼며 눈물 지을만큼 풍부한 감성을 가지고 있다. 학생들은 온몸으로 교사를 받아들인다고 하니 건강하고 행복한 교사가 되는 게 매일의 목표다.

연락처 : dladbsk1020@hanmail.net

장유진

강릉원주대학교 식품영양학과를 졸업하고 속초시어린이급식관리지원센터에서 3년간 근무하면서 강릉원주대학교 교육대학원을 졸업하고, 현재 청봉초등학교에서 영양교사로 근무하고 있다.

연락처 : yujin635@naver.com

박동준

경인교육대학교 초등교육학과를 졸업하고, 현재 청봉초등학교에서 6학년 교사로 근무하고 있다. 재미란 무엇일까를 항상 고민하며 아이들과 교사 모두가 재미있는 수업을 꿈꾸고 있다. 늘 배우는 자세로 현재를 살아가는 중이다.

연락처 : djpark3830@gmail.com

새우와 고래가 함께 숨 쉬는 바다

세계시민교육,
수업으로 실천하다

지은이 | 문주호·임유나·장유진·박동준
펴낸이 | 황인원
펴낸곳 | 도서출판 창해

신고번호 | 제2019-000317호

초판 1쇄 인쇄 | 2023년 01월 06일
초판 1쇄 발행 | 2023년 01월 13일

우편번호 | 04037
주소 | 서울특별시 마포구 양화로 59, 601호(서교동)
전화 | (02)322-3333(代)
팩스 | (02)333-5678
E-mail | dachawon@daum.net

ISBN 979-11-91215-67-0 (03370)

값 · 11,800원

Publishing Club Dachawon(多次元)
창해·다차원북스·나마스테